ISBN 9788411744232 © Eve Stars, 2023

Impresión y editorial: BoD – Books on Demand
info@bod.com.es – www.bod.com.es
Impreso en Alemania – Printed in Germany

Este libro pertenece a este extraordinario, original y maravilloso Acuario

Acuario

20 DE ENERO – 18 DE FEBRERO

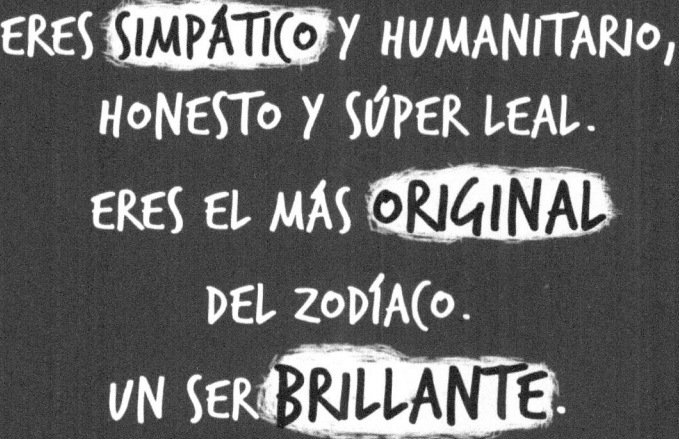

ERES **SIMPÁTICO** Y HUMANITARIO,
HONESTO Y SÚPER LEAL.
ERES EL MÁS **ORIGINAL**
DEL ZODÍACO.
UN SER **BRILLANTE**.

INNOVADOR

ALTRUISTA

REFLEXIVO

ATRACTIVO

IMPREVISIBLE

TOZUDO

ERES UN SIGNO DE AIRE,
ALEGRE,
DE FUERTE PERSONALIDAD
SENSIBLE Y PACIENTE.

ERES EL
MÁS INDEPENDIENTE
DEL ZODIACO

TU EMPLAZAMIENTO NATURAL
ES LA UNDÉCIMA CASA, LA CASA
DE LOS AMIGOS, EL TRABAJO EN
EQUIPO Y LOS PROYECTOS.

Elementos para Acuario

COLORES: AZUL ELÉCTRICO, ROSA FUERTE, COLORES FLUORESCENTES.

VÍSTETE CON ESTOS COLORES CUANDO QUIERAS LIGAR Y SERÁS IRRESISTIBLE (SI ES POSIBLE SERLO AÚN MÁS)

PIEDRAS: ZAFIRO, ÓPALO.

CUANDO TROPIECES DOS VECES, COMO SUELES HACER, QUE SEA AL MENOS CON ALGUNA DE ESTAS PIEDRAS

ÁRBOLES: CORNOS Y EUCALIPTOS.

ABRÁZATE A ESTOS ÁRBOLES CUANDO ESTÉS DE BAJONA. TE QUIEREN

FLORES: ORQUÍDEAS, GERANIOS, HIBISCOS.

LOS VULGARES RAMOS DE ROSAS NO SON PARA TI, EXIGE MÁS

Hablemos claro, Acuario

EL INDIVIDUALISMO Y LA INDEPENDENCIA SON CARAC-
TERÍSTICAS QUE MARCAN EN GRAN MEDIDA TU PERSONALI-
DAD, QUE SIEMPRE BUSCA LA LIBERTAD. ERES UNA PERSO-
NA ORIGINAL, CURIOSA E INCONFORMISTA CAPAZ DE
ADAPTARTE A LAS MÁS VARIADAS CIRCUNSTANCIAS.

A VECES PUEDES LLEGAR A SER IMPREVISIBLE Y OPOR-
TUNISTA, SIN EMBARGO TIENES MUCHOS AMIGOS Y ESTO
HACE QUE POSEAS UN GRAN ESPÍRITU SOLIDARIO.

HAY DOS TIPOS DE ACUARIO: UNO ES TÍMIDO, SENSIBLE Y
PACIENTE; EL OTRO EXUBERANTE, VIVO Y PUEDE LLEGAR
A ESCONDER LAS PROFUNDIDADES DE SU PERSONALIDAD
DEBAJO DE UN AIRE FRÍVOLO.
AMBOS TIPOS DE ACUARIO TIENEN UNA FUERZA DE CON-
VICCIÓN Y DE LA VERDAD MUY FUERTE Y SON TAN
HONESTOS QUE SABEN CAMBIAR SUS OPINIONES SI APARE-

RECEN PRUEBAS QUE MUESTRAN LO CONTRARIO DE LO QUE PENSABAN ANTES.

ERES CAPAZ DE VER LOS DOS LADOS DE UN ARGUMENTO POR LO QUE ERES UNO DE LOS SIGNOS MÁS TOLERANTES Y SIN PREJUICIOS DE TODO EL ZODIACO. ESTÁS ABIERTO A LA VERDAD Y DISPUESTO A APRENDER DE TODOS.

ERES HUMANO, SINCERO, REFINADO E IDEALISTA. SABES SER PERSEVERANTE Y EXPRESARTE CON RAZÓN, MODERACIÓN Y, A VECES, HUMOR.
CASI TODOS LOS ACUARIO SOIS INTELIGENTES, CLAROS Y LÓGICOS. MUCHOS SOIS IMAGINATIVOS Y PSÍQUICOS.

NO COMPRENDES LA FALTA DE INTEGRIDAD O LAS PROMESAS ROTAS.

A VECES SIENTES LA NECESIDAD DE RETIRARTE DEL MUNDO PARA MEDITAR O PENSAR. TE NIEGAS A SEGUIR A LA MULTITUD. A PESAR DE TU PERSONALIDAD ABIERTA Y DE TU DESEO DE AYUDAR A LA HUMANIDAD, NO SUELES HACER AMIGOS ÍNTIMOS CON FACILIDAD. NO ENTREGAS TU ALMA A CUALQUIERA.

Amuletos para Acuario

¿CREEMOS EN LAS FUERZAS OCULTAS? ¡SÍÍÍ! ¿Y CREEMOS EN LOS AMULETOS? ¡TAMBIÉÉÉÉN! PUES TIRA YA ESA PATA DE CONEJO RANCIA, ESTOS SON LOS AMULETOS QUE TE AYUDARÁN A CONSEGUIR TODAS TUS METAS.

LOS AMULETOS MÁS EFECTIVOS PARA LOS NACIDOS BAJO EL SIGNO DE ACUARIO SON LAS VASIJAS DE TODO TIPO, PERO ESPECIALMENTE AQUELLAS DE ORIGEN MINERAL: DE BARRO, DE CERÁMICA, DE METAL.
SI QUIERES QUE LA FORTUNA TE FAVOREZCA DE UNA MANERA MÁS INTENSA, COLOCA UNA VASIJA EN TU CASA CON AGUA DE LLUVIA. ASÍ TENDRÁS UN CENTRO PURIFICADOR QUE BENDECIRÁ TU CASA Y CADA UNA DE LAS EMPRESAS QUE DECIDAS EMPRENDER.

COLOR TURQUESA. PARA QUE LA ENERGÍA MÁS POSITIVA LLENE TUS DÍAS Y GUÍE TUS ACTOS PUEDES USAR EL AMU-

LETO MÁS SENCILLO Y LIGERO CON EL QUE CUENTAS: EL COLOR TURQUESA. EL COLOR DE LAS AGUAS MÁS SERENAS Y LLENAS DE VIDA, DEL AGUA QUE SANA Y RENUEVA LOS CICLOS NATURALES. ÚSALO EN TUS PERTENENCIAS Y EN TU ROPA, EN TUS COMPLEMENTOS Y EN LA ROPA DE LOS QUE AMAS. SI EL TURQUESA ESTÁ INVOLUCRADO CON ALGUNA ALTERNATIVA, ESA ES LA QUE DEBES ELEGIR SIN DUDA.

MERCURIO. TE SIENTES CÓMODO ANTE LAS SITUACIONES EXTRAÑAS, ANTE LO IMPREVISTO Y LO QUE EVOLUCIONA, POR ELLO TE IDENTIFICAS CON EL MERCURIO: ES LÍQUIDO, REACCIONA ANTE EL CALOR COMO SI ESTUVIERA VIVO... ES ALGO ENTRE DOS MUNDOS, ASÍ COMO LOS ACUARIO SOIS HIJOS DE ESTE MUNDO Y DE LOS QUE VÁIS CREANDO CON VUESTRO ESFUERZO Y DEDICACIÓN. ¿CÓMO PUEDES LLEVARLO COMO AMULETO? CON UN SENCILLO TERMÓMETRO NATURAL.

ZAFIRO. TODO LO QUE TIENE QUE VER CON EL AGUA ES BENÉFICO PARA TI. POR ELLO, LA PIEDRA QUE MÁS SE RELACIONA CONTIGO ES MUY PARECIDA AL FONDO MARINO, AL AGUA PROFUNDA: EL ZAFIRO. ESTA ES LA PIEDRA DE LOS SOÑADORES (SE CREÍA QUE COLOCADA

BAJO LA ALMOHADA PRODUCÍA SUEÑOS DE VENTURA), Y ¿QUIÉN NECESITA MÁS GUÍA EN EL CAMINO DE SUS SUEÑOS QUE TÚ, ACUARIO? USA UN ZAFIRO EN UN ANILLO O COMO COLGANTE. NO IMPORTA SU TAMAÑO: ES LO QUE TÚ HACES DE LA PIEDRA LO QUE AL FINAL CREA LA MAGIA.

VIOLETA. EL MEJOR AMULETO VEGETAL PARA LOS NACIDOS BAJO ESTE SIGNO. LA VIOLETA, ADEMÁS DE SU INTENSO COLOR, ES APRECIADA PORQUE COMPARTE CON LOS ACUARIO VUESTRA CAPACIDAD DE RENOVACIÓN: REFLORECE AÚN EN LAS CIRCUNSTANCIAS MÁS EXTREMAS. PON UNA MACETA EN TU CASA O EN TU HUERTO Y TU VIDA SERÁ VIBRANTE Y DIGNA.

 AMULETO DOMÉSTICO PARA ACUARIO

EL MEJOR AMULETO CASERO PARA UN ACUARIO ES UN **ESPEJO DE AGUA**, QUE ES MUY SENCILLO DE CONFECCIONAR. ES IMPORTANTE QUE SE REALICE SOBRE UN ESPEJO DE MARCO METÁLICO. SE TUMBA CON SU CARA REFLEJANTE HACIA ARRIBA Y SE COLOCA SOBRE DE ÉL UN TAZÓN DE CRISTAL CON AGUA. ASEGURA PROTECCIÓN SI SE REALIZA EN LUNA LLENA.

Tus miedos

¿Y A QUÉ LE TIENE MIEDO EL INCREÍBLE ACUARIO?

PARA TI LA LIBERTAD ES UNO DE LOS BIENES MÁS IMPORTANTES: LIBERTAD DE ELEGIR, DE ACTUAR, DE MOVERTE... TODO CONFINAMIENTO ES, PARA TI, UNA FORMA DE MUERTE.

EL TEMOR A LA INMOVILIDAD Y EL CONFINAMIENTO ES MUY COMÚN ENTRE LOS NATIVOS DE ACUARIO, PUES PARA TI SIGNIFICA COARTAR TU POTENCIAL, TU CAPACIDAD DE INFLUIR EN TU TIEMPO, EN LA VIDA DE LA GENTE QUE TE IMPORTA.

ESTE MIEDO AL ENCIERRO SE MANIFIESTA INCLUSO DE MANERA FÍSICA CON EL PADECIMIENTO DE LA CLAUSTROFOBIA, APENAS OS VEREMOS ENCERRADOS EN ESPACIOS ESTRECHOS. ESE MALESTAR SE TRANSMITE A TU VIDA EN TODOS LOS ASPECTOS.

EVADES CUALQUIER FORMA DE LIMITACIÓN QUE AMENACE TU LIBERTAD, YA SEAN RELACIONES, TRABAJOS, SITUACIONES... Y POR ELLO SE TE SUELE VER MOVERTE A SOLAS, SIN LO QUE CONSIDERAS PRISIONES, AUNQUE ELLO TE LLEVE A RENUNCIAR A AFECTOS Y OPORTUNIDADES.

LA PRISIÓN ES UNO DE LOS MIEDOS UNIVERSALES QUE TODOS PADECEMOS, SIN IMPORTAR NUESTRO SIGNO. SIN EMBARGO, EN TU CASO, ESTA CÁRCEL PUEDE ABARCAR TODO EL MUNDO, Y APARTAROS DE LOS GOCES MÁS ELEMENTALES Y NECESARIOS: EL AMOR, LOS AMIGOS, EL TRABAJO...

CARIÑO, QUE BAJO A POR TABACO

¿CÓMO PUEDES VENCER TUS MIEDOS?

TIENES COMO UNA PRIORIDAD ELEMENTAL LA LIBERTAD.
PERO HACES DE ELLA UN IDEAL AMORFO: LA SIENTES
COMO UN DERECHO, NO COMO UNA CONQUISTA, Y NO COM-
PRENDES TODOS LOS MATICES QUE INCLUYEN CUALQUIER
FORMA DE SER LIBRES.

LA LIBERTAD A VECES NO SE HEREDA: SE GANA

ESTA PEQUEÑA FRASE PUEDE SER EL PUNTO DE PARTIDA
QUE CAMBIE LA PERSPECTIVA QUE TIENES DE LA VIDA.
LA LIBERTAD SE LABRA CON RENUNCIAS Y CON AFINI-
DADES. ES NUESTRA LIMITADA VISIÓN DEL MUNDO LA QUE
CONSTRUYE LA CÁRCEL DE NUESTROS VICIOS Y PESARES. ES
LA LIBERTAD DE DARNOS A NOSOTROS MISMOS LA QUE
CONSTRUYE LA ESENCIA DE LA VIDA.

ACUARIO, MENOS LIBERTAD EN ABSTRACTO, Y MÁS DE LA
QUE SE CONSTRUYE CON LOS ACTOS Y CON LAS ACCIONES,
CON LO QUE DAMOS A OTROS, Y CON LO QUE HACEMOS POR
ELLO.

No hay cárcel
que pueda
contener a
un corazón
generoso

Hablemos de lo que importa: el AMOR

ERES UNA PERSONA QUE ENTRE OTRAS COSAS TE DISTINGUES POR TU FORMA DE VIVIR LOS VÍNCULOS Y DE RELACIONARTE CON LOS DEMÁS EN TODOS LOS PLANOS. PERO SOBRE TODAS LAS COSAS TIENES UNA FORMA MUY PARTICULAR DE VIVIR LAS RELACIONES AMOROSAS, MUCHO MÁS LIBRE E INDEPENDIENTE QUE LA MAYORÍA DE LAS PERSONAS.

TIENES MÚLTIPLES INTERESES Y UNA NUTRIDA VIDA SOCIAL. PERO ADEMÁS TE GUSTA ESTAR SOLO Y NO TIENES LA NECESIDAD IMPERIOSA DE ESTAR CONSTANTEMENTE PENDIENTE DE NADIE, NI SIQUIERA CUANDO ESTÁS MUY ENAMORADO DE TU PAREJA.

PARA TI TODO TIENE SU MOMENTO Y SU EQUILIBRIO Y LA PAREJA ES UN ASPECTO MUY IMPORTANTE DE TU VIDA PERO ES ALGO QUE NO DEBE INVADIR EL RESTO DE TUS

AFECTOS E INTERESES. POR ESO RESPETAS LOS TIEMPOS Y ESPACIOS PERSONALES DEL OTRO, DEL MISMO MODO EN QUE EXIGES RESPETO POR LOS TUYOS.

MUCHAS PERSONAS SUELEN CONFUNDIR TU INDEPENDENCIA CON DESINTERÉS E INCLUSO HASTA FANTASEAN CON EL FANTASMA DE LA INFIDELIDAD PERO LO CIERTO ES QUE ERES MUY LEAL EN TUS RELACIONES, SOLO QUE TU FORMA DE EXPRESAR AMOR Y ATENCIÓN ES DIFERENTE.

TIENDES A SER MUY ENAMORADIZO TE QUEDAS PILLADO CON MUCHA FACILIDAD SI UNA PERSONA TE HACE UN POCO DE CASO. SIN EMBARGO, TAMBIÉN TE OCURRE LO CONTRARIO: TE DESILUSIONAS CON LA MISMA RAPIDEZ.

ESTÁS CONVENCIDO DE QUE PARA QUE UNA RELACIÓN AMOROSA SEA SATISFACTORIA TIENE QUE EXISTIR CIERTA CONEXIÓN TANTO FÍSICA COMO MENTAL. EN CASO CONTRARIO, ACABAS CANSÁNDOTE MUY DEPRISA DE LA PERSONA QUE TIENE AL LADO.

SI TIENES ALGO CLARO ES QUE QUIERES DISFRUTAR MUCHO DEL AMOR.

HUYES DE LOS LÍOS Y LOS PROBLEMAS, TE GUSTA VIVIR EN CALMA Y SIN DRAMONES POR ESO A VECES TIENDES A SALIR POR PATAS EN CUANDO LA COSA SE PONE DIFÍCIL. ESTO PUEDE HACERTE PERDER RELACIONES IMPORTANTES.

ENTIENDE QUE TU MANERA DE SER NO ES SENCILLA DE COMPRENDER Y QUE NO TODOS ESTÁN PREPARADOS PARA DARTE LA LIBERTAD QUE NECESITAS, TEN PACIENCIA Y EDÚCALOS EXPRESA TU AMOR PARA QUE NO SE INTERPRETE MAL TU NECESIDAD DE ESTAR SOLO DE VEZ EN CUANDO.

TU PUNTO DÉBIL ES POR LO TANTO LA COMUNICACIÓN. SI TRABAJAS ESE CAMPO, PODRÁS MANTENER A TU LADO A LA PERSONA QUE QUIERAS PUES ERES UN SIGNO CON MUCHÍSIMO QUE OFRECER.

TU CARÁCTER EXTREMADAMENTE ESPONTÁNEO E IMPREVISIBLE TE PUEDE DAR TAMBIÉN PROBLEMAS. NO OLVIDES QUE UNA PAREJA ES COSA DE DOS, CONSULTA Y LLEGA A ACUERDOS NO VAYAS TAN A LO TUYO.

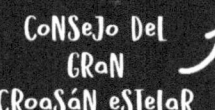

LA PAREJA PERFECTA NO ES LA QUE NO TIENE PROBLEMAS, SI NO LA QUE SABE SUPERARLOS JUNTOS

CONSEJO DEL GRAN CROASÁN ESTELAR

ACUARIO Y ACUARIO

LA COMPATIBILIDAD ES ALTA YA QUE NO HAY NINGÚN SIGNO CON MAYOR CAPACIDAD PARA COMPRENDEROS Y NO SENTIRSE AMENAZADO POR VUESTRA FORMA DE SER TAN DISTINTA Y SINGULAR.

ESO SÍ, NO SERÁ UNA RELACIÓN MUY INTENSA NI DEMASIADO ROMÁNTICA O PASIONAL, YA QUE OS CUESTA MUCHO PROFUNDIZAR EN UNA RELACIÓN.

SOIS IDEALISTAS Y AVENTUREROS. UNO DE LOS DOS ESTARÁ BUSCANDO SIEMPRE NUEVOS DESAFÍOS Y AVENTURAS PARA EMPRENDER EN PAREJA.

LOS DOS DISFRUTARÉIS DE MANERA PERMANENTE LA SENSUALIDAD Y EL AMOR. LA RELACIÓN TENDRÁ UN FUERTE SOSTENIMIENTO A PARTIR DEL CARIÑO QUE COMPARTÍS.

PUEDE SER DIFÍCIL LA SEDUCCIÓN INICIAL YA QUE CADA UNO SERÁ EXTREMADAMENTE PRECAVIDO Y ANALIZARÁ CADA MOVIMIENTO DEL OTRO CON MUCHO DETALLE.

 ### CONSEJO PARA HACER QUE FUNCIONE

TENDRÉIS QUE ATENDER A LAS NECESIDADES DE LA PAREJA ADEMÁS DE ARREGLAR LOS PROBLEMAS DEL MUNDO, SOBRE TODO SI DESEÁIS UNA RELACIÓN DURADERA.

ACUARIO Y PISCIS

LA COMPATIBILIDAD NO ES MUY ALTA Y PARA QUE LA RELACIÓN DE PAREJA SEA DURADERA, TENDRÁ QUE HABER UNA BASE SÓLIDA DE AMOR Y COMPRENSIÓN, ASÍ COMO MUCHO INTERÉS POR PARTE DE AMBOS.

AL UNIROS SE CREA UNA RELACIÓN MUY SENTIMENTAL, AMOROSA Y ROMÁNTICA. ESTOS FACTORES OS HARÁN VIVIR POR MOMENTOS COMO EN UNA ESPECIE DE LUNA DE MIEL. EN EL ÁMBITO SEXUAL TENÉIS BUEN ENTENDIMIENTO. DEBÉIS TRATAR DE PROMOVER LA AVENTURA Y EXPERIMEN-TAR TODO LO QUE DESEÉIS.

PISCIS TENDRÁ QUE APRENDER A CONFIAR EN ACUARIO Y NO SENTIRSE RECHAZADO CUANDO ACUARIO REALICE ACTIVI-DADES SOLO O EN COMPAÑÍA DE OTROS. ACUARIO NECESITA CIERTA LIBERTAD PARA SENTIRSE CÓMODO EN UNA RELACIÓN PERO PISCIS DISFRUTA TANTO DE LA PRESENCIA DE SU PAREJA, QUE LE CUESTA NO CONSIDERAR LA FORMA DE SER DE ACUARIO COMO UN RECHAZO.

CONSEJO PARA HACER QUE FUNCIONE

DEBÉIS TENER EN CUENTA QUE EL AMOR SE CONSTRUYE ES-CALÓN POR ESCALÓN Y QUE TENÉIS QUE SUBIRLOS JUNTOS.

ACUARIO Y ARIES

TENÉIS MUCHO EN COMÚN Y UN GRADO DE COMPATIBILIDAD MUY ALTO. AMBOS SOIS INDEPENDIENTES, HUMANITARIOS, OPTIMISTAS Y ENTUSIASTAS. OS GUSTAN LAS EMOCIONES FUERTES, LA VALENTÍA Y EL CARÁCTER PROGRESIVO DE LOS ACUARIO TIENDE A ATRAER MUCHO A LOS ARIES.

SI BIEN ACUARIO SIEMPRE ES MÁS DIFÍCIL A LA HORA DE LA SEDUCCIÓN, UNA VEZ QUE SE ENAMORA Y SE COMPROMETE EN UNA RELACIÓN SE ENTREGA A FONDO AL AMOR. PODÉIS LLEGAR A TENER DIFERENCIAS POR ALGUNAS CARACTERÍSTI-CAS INDIVIDUALISTAS DE ARIES.

EN EL ÁMBITO SEXUAL, LAS RELACIONES SUELEN SER SATIS-FACTORIAS. LA PREDISPOSICIÓN DE LOS ARIES A PROBAR COSAS Y LA CAPACIDAD DE INVENTAR NUEVAS EXPERIENCIAS Y JUEGOS DE LOS ACUARIO SE COMPLEMENTAN MUY BIEN. SOIS MUY SOCIABLES Y DISFRUTARÉIS MUCHO LAS SALIDAS CON OTRAS PERSONAS, YA SEAN AMIGOS O FAMILIARES.

CONSEJO PARA HACER QUE FUNCIONE (¡AÚN MEJOR!)

ARIES DEBERÍA CONTROLAR SU EGOCENTRISMO PARA NO ES-PANTAR A ACUARIO Y ACUARIO SALTAR AL RUEDO DEL AMOR SIN DUDARLO TANTO O ARIES PODRÍA CANSARSE DE ESPERAR.

 ACUARIO Y TAURO

LA COMPATIBILIDAD NO ES MUY ALTA PERO TIENE ALGU-
NAS POSIBILIDADES SIEMPRE Y CUANDO AMBOS ESTÉIS DIS-
PUESTOS A ESFORZAROS PARA QUE FUNCIONE.

PARA TAURO ES FUNDAMENTAL LA SEGURIDAD, LA ESTABILI-
DAD Y LA CONTINUIDAD DE LAS COSAS. SON PERSONAS DES-
CONFIADAS ANTE LOS CAMBIOS Y MUY CONSERVADORES.

ESTO PUEDE CHOCAR CON ALGUNAS IDEAS Y CON EL VOLUN-
TARISMO, LA ACCIÓN COLECTIVA Y LA LIBERTAD DE ACUARIO.

LA TESTARUDEZ DE TAURO COMBINADA CON LA RIGIDEZ DE
ACUARIO PUEDE PROVOCAR TAMBIÉN NO POCOS PROBLEMAS.

EL ANSIA DE POSESIÓN Y LOS CELOS DE TAURO SERÁN TAM-
BIÉN DEMASIADO PARA ACUARIO.

PODRÉIS COMPARTIR UNA INTIMIDAD SEXUAL PROFUNDA Y
MUY ESPECIAL, YA QUE ACUARIO AYUDARÁ A TAURO A DES-
CUBRIR UN LADO MÁS PROFUNDO DE SU NATURALEZA Y A
OBTENER MÁS SATISFACCIÓN DEL SEXO.

CONSEJO PARA HACER QUE FUNCIONE

HACER UN ESFUERZO POR ACOMODAR VUESTRAS DIFEREN-
CIAS Y NO SENTIROS AMENAZADOS POR ELLAS.

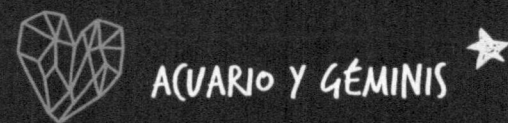

ACUARIO Y GÉMINIS

LA COMPATIBILIDAD ES MUY ALTA, YA QUE AMBOS ESPE-
RÁIS SACAR MÁS O MENOS LO MISMO DE LA VIDA.
VUESTRO ENTENDIMIENTO INTELECTUAL SERÁ TOTAL. OS
GUSTA HABLAR Y COMPARTIR LARGOS MOMENTOS JUNTOS.
ESTABLECÉIS VÍNCULOS SÓLIDOS Y SOIS MUY FIELES.
ADEMÁS, MUY POCAS VECES PERDÉIS LA CALMA.
HACÉIS DEL BIENESTAR UN CULTO Y UNA VEZ QUE LO EN-
CONTRÁIS NO TENÉIS PROBLEMA EN QUEDAROS A VIVIR
ALLÍ. SOIS BUENOS COMPAÑEROS EN LA CONVIVENCIA Y
LOGRARÉIS SENTIROS EL UNO PARA EL OTRO.
A GÉMINIS NO LE SUPONE NINGÚN PROBLEMA EL AFÁN
DE INDEPENDENCIA DE ACUARIO, YA QUE TAMBIÉN VALORA
LA SUYA PROPIA. A GÉMINIS LE ENCANTA LA ORIGINALI-
DAD Y CAPACIDAD DE INNOVAR DE LOS ACUARIO, MIENTRAS
QUE A ÉSTE LE FASCINA LO IMPREDECIBLE Y LA INDEPEN-
DENCIA DE LOS GÉMINIS.

CONSEJO PARA HACER QUE FUNCIONE (¡AÚN MEJOR!)

CORRÉIS EL RIESGO DE QUE LA MONOTONÍA OS EMPIECE A
ABURRIR, DEBERÉIS LUCHAR PARA SOSTENER EL INTERÉS Y
LA CREATIVIDAD.

ACUARIO Y CÁNCER

LA COMPATIBILIDAD ES BAJA PERO COMO AMBOS SIGNOS SOIS MUY PERSISTENTES, SI HAY SUFICIENTE AMOR Y DISPOSICIÓN DE ESFORZARSE, UNA RELACIÓN DURADERA ES DIFÍCIL, PERO NO IMPOSIBLE.

NECESITARÉIS CONSTRUIR A PARTIR DE LAS DIFERENCIAS, LOS ELEMENTOS DE ATRACCIÓN DE LA PAREJA. MIENTRAS ACUARIO AMA LA LIBERTAD Y LE SOBRAN ALAS PARA VOLAR, CÁNCER APELA A UN ESTILO MUY CONSERVADOR Y REITERATIVO. SIN EMBARGO, RESPETA LA INTELIGENCIA Y ADMIRA LA CAPACIDAD DE RAZONAMIENTO DE LOS ACUARIANOS. EN AMBOS CASOS, DEBÉIS TRATAR DE EVITAR LOS MALOS ENTENDIDOS POR PROBLEMAS DE COMUNICACIÓN. PODRÍA SER UNA UNIÓN MUY ELECTRIZANTE Y, A MENUDO, AGITADA. ES MUY PROBABLE QUE TENGÁIS UNA RELACIÓN SEXUAL BASTANTE APASIONADA.

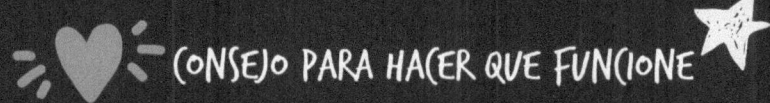 CONSEJO PARA HACER QUE FUNCIONE

CÁNCER DEBERÍA ABANDONAR ALGUNAS DE SUS IDEAS PRECONCEBIDAS Y ACUARIO PODRÍA SENTAR UN POCO LA CABEZA PARA QUE CÁNCER TENGA LA OPORTUNIDAD DE LLEGAR A SU INTERIOR.

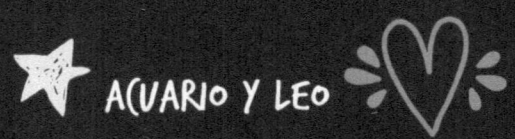

ACUARIO Y LEO

LA COMPATIBILIDAD AMOROSA ENTRE AMBOS SE SUSTENTA EN LAS DIFERENCIAS: ACUARIO ES MUY SENTIMENTAL Y SENCILLO, LEO ES DE BUSCAR RELACIONES INTENSAS Y PROFUNDAS, NO TIENE DIFICULTAD PARA INVOLUCRARSE SENTIMENTALMENTE Y TIENE DESEOS DE LIDERAZGO Y DOMINACIÓN (QUE PUEDEN MOLESTAR UN POCO A ACUARIO EN SU DESEO INFINITO DE LIBERTAD).

A ACUARIO LE GUSTA EL CALOR, LA ENERGÍA Y LA GENEROSIDAD DE LEO MIENTRAS QUE A LEO LE IMPRESIONA LA CAPACIDAD INTELECTUAL Y LA SEGURIDAD DE ACUARIO.

SI ACUARIO LOGRA QUE SU PAREJA LEO NO SE TOME LA VIDA TAN EN SERIO, Y A SU VEZ, LEO LOGRA ENSEÑAR A ACUARIO A CENTRARSE UN POCO MÁS, AMBOS SALDRÍAIS GANANDO. SEXUALMENTE LA INTENSIDAD SERÁ FUERTE. LA LIBERTAD DE ACUARIO Y EL INSTINTO SALVAJE DE LEO SON COMPATIBLES Y ESTIMULANTES. FORTALECERÉIS LA RELACIÓN DESDE VUESTRA VIDA SEXUAL.

 CONSEJO PARA HACER QUE FUNCIONE

INTENTAD RESISTIR LA TENTACIÓN DE IMPONEROS Y TRABAJAD CONJUNTAMENTE PARA LLEGAR A ACUERDOS.

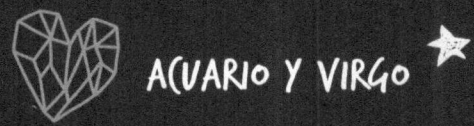

ACUARIO Y VIRGO

COMPATIBILIDAD BAJA. TENDRÁ QUE HABER MUCHO AMOR PARA QUE LA RELACIÓN FUNCIONE. DEBÉIS DE CEDER AMBOS PORQUE TENÉIS FILOSOFÍAS DE VIDA MUY DISTINTAS. AMBOS SOIS MUY RESERVADOS Y LA CONQUISTA POR MOMENTOS PUEDE PARECER UNA ODISEA. SI LA RELACIÓN NO FUNCIONA, AMBOS MIRARÉIS RÁPIDO HACIA OTRO LADO. SIN EMBARGO, UNA VEZ QUE ESTÁIS ENAMORADOS Y CONVENCIDOS DE ESTE AMOR SOIS MUY ABIERTOS Y SENSIBLES.

SI PROYECTÁIS FORMAR UNA FAMILIA PODÉIS TENER GRAN ÉXITO EN ELLO Y SENTIROS MUY SEGUROS EN LA CRIANZA DE VUESTROS HIJOS.

LA LIBERTAD ES ALGO QUE NINGUNO ESTÁ DISPUESTO A RESIGNAR Y APRENDERÉIS A SER LIBRES AL LADO DE LA PERSONA QUE AMÁIS.

SEXUALMENTE ESTABLECÉIS UN VÍNCULO MUY INTENSO Y SENSUAL. LA ATRACCIÓN QUE SENTÍS ES MUY GRANDE.

 CONSEJO PARA HACER QUE FUNCIONE

INTENTAD PONER VUESTRAS HABILIDADES, CLARAMENTE DIFERENTES, A TRABAJAR POR UNA BUENA CAUSA, PUEDE SER VUESTRA PROPIA RELACIÓN U OTRA META COMÚN.

ACUARIO Y LIBRA

LA COMPATIBILIDAD ES EXCELENTE.

AMBOS SOIS MUY CARIÑOSOS Y SOCIABLES, OS ENCANTA CONVERSAR Y DISFRUTAR CON REUNIONES Y ACTOS SOCIALES, SOIS MUY EXTROVERTIDOS Y SOLÉIS TENER MUCHOS AMIGOS.

A LOS DOS OS GUSTA LA INDEPENDENCIA Y POR ESO NO SERÁ UN PROBLEMA DISFRUTAR DE CIERTA LIBERTAD DENTRO DE VUESTRA RELACIÓN.

LA DIFERENCIA ES QUE ACUARIO TIENDE A REPARTIR SU CARIÑO ENTRE MUCHAS PERSONAS Y CAUSAS, MIENTRAS QUE EL TIPO DE AMOR DE LIBRA ES MÁS PERSONAL.

PASARÉIS HORAS Y HORAS CONVERSANDO Y ENCONTRARÉIS MUCHOS PUNTOS EN COMÚN EN LA MÚSICA, EL ARTE, EL TEATRO Y LA CULTURA EN GENERAL.

LA ATRACCIÓN ENTRE VOSOTROS SUELE SER INSTANTÁNEA.

CONSEJO PARA HACER QUE FUNCIONE (¡AÚN MEJOR!)

LIBRA TIENDE A SER MÁS EXIGENTE EMOCIONALMENTE, LO QUE PODRÍA LLEGAR A ASFIXIAR A ACUARIO QUE TENDRÁ QUE APRENDER A SER MÁS ROMÁNTICO DE LO QUE ESTÁ ACOSTUMBRADO.

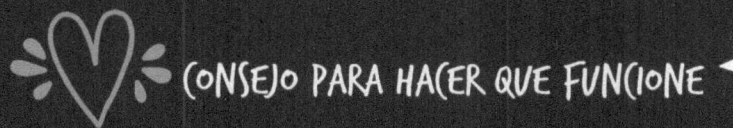 **ACUARIO Y ESCORPIO**

LA COMPATIBILIDAD ES BASTANTE BAJA.
TENÉIS PERSONALIDADES MUY DIFERENTES Y LA FORMA DE
ENFOCAR LA VIDA Y LAS RELACIONES ES MUY DISTINTA.
SÍ OS PARECÉIS EN LA ACTITUD CABEZOTA DE IMPONERSE
AL OTRO Y QUERER TENER SIEMPRE RAZÓN. ¡UPS!
ESCORPIO ES INTENSO Y EMOCIONAL Y LE COSTARÁ ASUMIR
LA PARTE MÁS IMPREDECIBLE DE LOS ACUARIO. ACUARIO ES
EQUILIBRADO Y PRÁCTICO Y LE COSTARÁ COMPRENDER EL
AIRE DE MISTERIO Y LOS CELOS DE ESCORPIO. UN SINVIVIR.
A NINGUNO OS IMPORTA AFRONTAR UN DESAFÍO O PERSE-
GUIR UNA UTOPÍA. ESTO PUEDE SER DECISIVO SI AMBOS
QUERÉIS APOSTAR POR VUESTRO AMOR: CON PERSEVERAN-
CIA TAL VEZ LOGRÉIS ADAPTAROS A LA PERSONALIDAD DEL
OTRO Y SEGUIR ADELANTE.
LA PASIÓN SEXUAL DE ESCORPIO ENCAJA BIEN CON LA DIS-
POSICIÓN POR PARTE DE ACUARIO DE EXPLORAR SENSA-
CIONES NUEVAS. ¡NO TODO VA A SER MALO!

 **CONSEJO PARA HACER QUE FUNCIONE**

ES NECESARIO QUE AMBOS COMPRENDÁIS Y VALORÉIS VUES-
TRAS DIFERENCIAS Y LUCHÉIS JUNTOS POR VUESTRO AMOR.

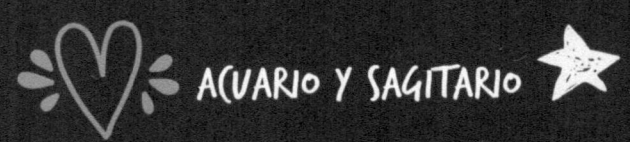

ACUARIO Y SAGITARIO

LA COMPATIBILIDAD ES BASTANTE ALTA Y SI AMBOS OS ES-
FORZÁIS UN POCO, LA RELACIÓN SERÁ LARGA Y FELIZ.
SOIS MUY PARECIDOS – EXTROVERTIDOS, SOCIABLES Y AVEN-
TUREROS. OS ENCANTA LA DIVERSIÓN, SOIS MUY ESPONTÁ-
NEOS, NO EXCESIVAMENTE SENTIMENTALES Y SABÉIS DAR
Y DISFRUTAR DE CIERTA LIBERTAD DENTRO DE LA PAREJA.
VUESTRAS RELACIONES ÍNTIMAS SON EMOCIONANTES,
PORQUE MIENTRAS QUE ACUARIO ES INNOVADOR, A SAGI-
TARIO LE ENCANTA REALIZAR NUEVOS EXPERIMENTOS.
SAGITARIO TIENDE A SER MÁS FILOSÓFICO Y TENER
PROPÓSITOS MÁS FIRMES QUE ACUARIO MIENTRAS QUE
ESTE ÚLTIMO TIENE MAYOR CAPACIDAD DE ADAPTACIÓN
QUE SAGITARIO.
LOS DOS COMPARTÍS UN GRAN ENTUSIASMO ANTE LA VIDA
Y SOIS POR NATURALEZA OPTIMISTAS Y SOLIDARIOS.

CONSEJO PARA HACER QUE FUNCIONE (¡AÚN MEJOR!)

ES IMPORTANTE QUE DESARROLLÉIS PROYECTOS COMUNES Y
COMPARTÁIS ELEMENTOS DE VUESTRA "LIBERTAD"
JUNTOS, PORQUE SINO CABE LA POSIBILIDAD DE QUE CON EL
TIEMPO OS DISTANCIÉIS, SIN APENAS DAROS CUENTA.

ACUARIO Y CAPRICORNIO

NO SOIS MUY COMPATIBLES. DEBERÉIS HACER VALER EL PRINCIPIO QUE INDICA QUE DOS POLOS OPUESTOS SE ATRAEN.

LAS MAYORES COMPLICACIONES ESTÁN EN RELACIÓN A LA TRANQUILIDAD DE CAPRICORNIO, YA QUE ACUARIO ESTÁ SIEMPRE LISTO PARA LA AVENTURA Y ADORA SENTIRSE LIBRE. A SU VEZ, AMBOS TENDÉIS A PARTICIPAR EN MUCHAS ACTIVIDADES Y SUMAROS A CAUSAS SOLIDARIAS. EN ALGUNOS CASOS PRESTÁIS MÁS ATENCIÓN A ESTOS TEMAS QUE A LA PROPIA RELACIÓN. SI TENÉIS CAUSAS COMUNES POR LAS CUALES LUCHAR TODO SERÁ MÁS FÁCIL.

PARA LOGRAR COMPATIBILIDAD EN EL TERRENO SEXUAL TENDRÉIS QUE TENER EN CUENTA LAS CARACTERÍSTICAS BIEN DISTINTAS EL UNO DEL OTRO. CAPRICORNIO TIENE UN ENFOQUE MÁS BIEN TRADICIONAL ANTE EL SEXO, MIEN-TRAS QUE A MUCHOS ACUARIO LES GUSTA EXPERIMENTAR.

CONSEJO PARA HACER QUE FUNCIONE

VIVIR LAS DIFERENCIAS DEL OTRO COMO ALGO ENRIQUECE-DOR QUE OS COMPLEMENTA Y MEJORA EN VEZ DE ALGO QUE OS SEPARA.

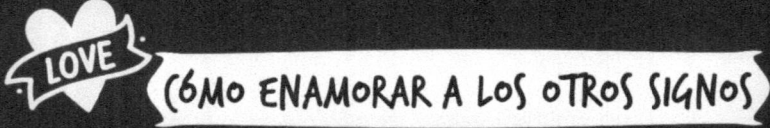

INDEPENDIENTEMENTE DE LA CLARIFICADORA INFOR-
MACIÓN PREVIA, EL AMOR VIENE ASÍ DE ESTA MANERA, Y
TE HAS ENAMORADO DE OTRO SER HUMANO (ESPERO),
AQUÍ VAN LOS CONSEJOS INFALIBLES PARA QUE ACUARIO
ENAMORE A CADA UNO DE ELLOS:

ARIES: SERÁ BASTANTE SENCILLO ATRAERLO. AMBOS
GOZÁIS DE VUESTRA INDEPENDENCIA Y VALORÁIS LA FIDELI-
DAD. TIENES POR LO TANTO QUE RESALTAR ESTAS CUALI-
DADES PARA DEMOSTRARLE A ARIES QUE SINTONIZÁIS.
ARIES ES MÁS INESTABLE Y CAMBIANTE, TU VALENTÍA Y
SEGURIDAD LE RESULTARÁN MUY SEDUCTORAS.

TAURO: ÉL ES MUY REALISTA Y SE RESISTE A LOS CAMBIOS.
PARA TRANSMITIRLE SEGURIDAD, DEBERÁS DEJAR DE PERSE-
GUIR ESE IDEALISMO EXCESIVO Y SER MÁS PRÁCTICO. SIMPLE-
MENTE PERMANECE A SU LADO, APORTA PRESENCIA FÍSICA
Y SOLUCIONES PRÁCTICAS. EL CONTACTO FÍSICO ES MUY IM-
PORTANTE PARA TAURO, AL IGUAL QUE LA FIDELIDAD.

GÉMINIS: SÓLO ES CUESTIÓN DE ABRIRTE AL OTRO, COMPAR-
TIR LARGAR CHARLAS PARA CONFIRMAR QUE HABLÁIS EL

MISMO LENGUAJE. MUÉSTRALE TU INTELIGENCIA, TU PO-
TENCIAL CREATIVO Y DÉJALE CLARO QUE VALORAS LA INDE-
PENDENCIA Y LOS MOMENTOS DE CADA UNO EN SOLEDAD,
IGUAL QUE ÉL. TODO ESO ENAMORA A GÉMINIS.

CÁNCER: DEBERÁS RESIGNAR UN POCO DE TU LIBERTAD Y
ESPONTANEIDAD PARA ADAPTARTE A SU PERSONALIDAD
ESTRUCTURADA Y TRADICIONALISTA. ÉL NECESITA UNA
RUTINA Y UNA VIDA PLANIFICADA.
LO SEDUCIRÁS DEMOSTRÁNDOLE MADUREZ Y DISPOSICIÓN
PARA EL COMPROMISO. TAMBIÉN ES IMPORTANTE QUE LE
DIGAS SIEMPRE LO QUE SIENTES, PORQUE PUEDE DESES-
PERARSE SI NO LOGRA COMPRENDERTE.

LEO: LEO QUEDARÁ ENCANTADO CON TU INTELIGENCIA, EX-
CENTRICIDAD Y ORIGINALIDAD. LLEGA A ADMIRARTE, PERO
NO SE SENTIRÁ CÓMODO SI SE VE OPACADO EN CÍRCULOS SO-
CIALES. A LEO LE GUSTA SER EL CENTRO DE ATENCIÓN.
HAZLE SENTIR SEGURO Y AYÚDALO A VER LA VIDA DE
MANERA MÁS SIMPLE. ASÍ LE CONQUISTARÁS.

VIRGO: TENDRÁS QUE ESFORZARTE Y TENER MUCHA PA-
CIENCIA. PARA CONQUISTARLO, TE CONVIENE REVELAR TU
COMPROMISO SOCIAL Y HUMANITARIO, YA QUE LAS IDEAS

NOBLES ATRAEN MUCHO A VIRGO. AL SER ÉL UN OBSESO DEL ORDEN, TENDRÁS QUE APRENDER A SOPORTAR LAS CRÍTICAS A TUS MÉTODOS EN CUANTO A LA FALTA DE ORGA- NIZACIÓN Y PLANIFICACIÓN.

LIBRA: SE VERÁ SEDUCIDO POR TU ORIGINALIDAD Y TU CA- PACIDAD DE EMPRENDER. DEBERÁS DEMOSTRARLE QUE, AUNQUE DISFRUTAS DE LA INDEPENDENCIA, PUEDES SER FIEL. LIBRA ES UN SIGNO SENSIBLE Y EMOCIONAL POR LO QUE TE EXIGIRÁ QUE LE MANIFIESTES TUS SENTIMIENTOS. CONECTARÉIS MUY BIEN CONVERSANDO SOBRE ARTE Y CUL- TURA, OTRA CARACTERÍSTICA TUYA QUE MOTIVA A LIBRA.

ESCORPIO: ES MUY EMOTIVO E INTENSO. ESTÁS FRENTE A UN SIGNO POSESIVO Y EXIGENTE, QUE NO ESTARÁ CÓMODO CON UNA PAREJA IMPREDECIBLE, ESPONTÁNEA O DISTAN- TE. ESTO ES ALGO QUE PUEDES INTENTAR CONTROLAR SI QUIERES ENAMORARLE. LA CLAVE ES CULTIVAR LA PASIÓN, AHÍ CONECTÁIS MARAVILLOSAMENTE.

SAGITARIO: PARA ENAMORARLO PUEDES INVITARLO A HACER ALGO DIVERTIDO Y DARLE A CONOCER TU LADO HU- MANITARIO E IDEALISTA A TRAVÉS DE LA CONVERSACIÓN Y EL INTERCAMBIO DE IDEAS. SAGITARIO SE VERÁ MUY ATRAÍ-

DO POR LO QUE HAY EN TU MENTE, SOBRE TODO POR TU LADO OPTIMISTA Y ENTUSIASTA.

CAPRICORNIO: DEBES COMENZAR POR SER MÁS DIPLOMÁTICO Y EXPRESAR TU OPINIÓN CON TACTO. SERÁ CONVENIENTE QUE TE CONCENTRES EN PLANES REALIZABLES Y QUE TE OLVIDES DE SEGUIR CONSTRUYENDO CASTILLOS EN EL AIRE. PARA ENAMORARLO, DEBERÁS PISAR EL SUELO Y MOSTRAR CIERTA PRACTICIDAD E INCLUSO CIERTA AMBICIÓN.

ACUARIO: SÓLO TIENES QUE MOSTRARTE TAL CUAL ERES: INDEPENDIENTE, SOCIABLE, AMANTE DE LOS CAMBIOS Y LAS NOVEDADES. ÉL SABRÁ COMPRENDER TU PERSONALIDAD, DISFRUTARÁ DE VUESTRA INDEPENDENCIA Y DE LAS SORPRESAS QUE OS DÉIS EL UNO AL OTRO. PROPONLE AVENTURAS O EXPERIENCIAS NUEVAS, DEMUÉSTRALE QUE RESPETAS SU INDEPENDENCIA Y ACUARIO CAERÁ A TUS PIES.

PISCIS: SÉ PACIENTE Y DALE MUCHO CARIÑO. TEN CUIDADO DE NO DESTRUIR SU MUNDO DE ILUSIONES, PORQUE PODRÍAS LASTIMARLO Y AHUYENTARLO. ÉL ES AFECTIVAMENTE DEPENDIENTE, NECESITA SENTIRSE ACOMPAÑADO. CONECTA MUY BIEN POR EL LADO ESPIRITUAL, POR LO QUE TENDRÁS QUE ABRIR TU MENTE SI QUIERES GANARTE SU ACEPTACIÓN.

Acuario y el sexo

AMAS EL SEXO E IRRADIAS ENERGÍA SEXUAL PERO PARA TI ES IMPORTANTE TAMBIÉN EL INTELECTO, NO TE VALE SÓLO LO FÍSICO.

SI COMPARTES TUS CONOCIMIENTOS Y TU VISIÓN DEL MUNDO CON TU AMANTE, LA COMPLICIDAD SERÁ MAYOR Y LOS BENEFICIOS SERÁN MUY POSITIVOS DENTRO Y FUERA DE LA ALCOBA. TE GUSTA QUE TE OFREZCAN SEGURIDAD

NECESITAS UN ESPACIO PROPIO. UN POCO DE DISTANCIA PERMITIRÁ MANTENER TU VIDA SEXUAL VIVA Y LA RELACIÓN CON TU AMANTE SERÁ MÁS INTENSA. NO HAY QUE LIMITARTE NI AGOBIARTE. NECESITAS SENTIRTE LIBRE PARA UNIRTE A TU PAREJA. UNA PERSONA CELOSA NO ENCAJA CONTIGO EN ABSOLUTO.

ERES UN POCO HEDONISTA EL SEXO ES COMO UN PARQUE DE ATRACCIONES PARA TI. TE ENCANTA LA CREATIVIDAD, LA NOVEDAD Y LA EFICIENCIA. TE PONE QUE TE PILLEN POR SORPRESA EN CUALQUIER PARTE.

QUE TE ABRACEN POR LA ESPALDA TE GUSTA MUCHO. LA SORPRESA Y LA EMOCIÓN DE SENTIRTE EN UN LUGAR POCO CONVENCIONAL TE EXCITA Y ESTIMULA TU MENTE PARA SEGUIR CON EL JUEGO AMOROSO.

TE GUSTAN LAS CARICIAS EN LUGARES POCO CONVENCIO- NALES COMO LAS PIERNAS, DETRÁS DE LAS RODILLAS, LOS TOBILLOS Y LOS PIES.

TENDRÁS UNA GRAN COMPATIBILIDAD SEXUAL CON GÉMINIS Y LIBRA SIGNOS DE AIRE COMO TÚ; Y CON LEO CUYO ELEMENTO ES FUEGO Y ES TU OPUESTO. CON ESTE ÚLTIMO HAY MUCHÍSIMA ATRACCIÓN.

Acuario y el trabajo

ERES MUY BUENO PARA TRABAJAR EN EQUIPO, YA QUE AHÍ SACAS A RELUCIR MUCHO MEJOR TUS GRANDES HABILIDADES. TIENES BUENA DISPOSICIÓN PARA LOGRAR OBJETIVOS EN COMÚN CON OTRAS PERSONAS, POR LO QUE PODRÍAS SER CONSIDERADO UNO DE LOS MEJORES COMPAÑEROS DE TRABAJO DENTRO DEL ZODIACO.

TAMBIÉN ERES UN CANDIDATO PERFECTO PARA CREAR UNA SOCIEDAD CON ALGUIEN, YA QUE ERES BASTANTE FIABLE Y SIEMPRE RESPONDES A LA NECESIDAD DE TRABAJAR POR LO QUE SE QUIERE LOGRAR.

NO ERES DE LOS QUE SE QUEDA DORMIDO EN LOS LAURELES, PORQUE TIENES TUS METAS BASTANTE CLARAS Y SIEMPRE INTENTARÁS LLEGAR MÁS ARRIBA, LUCHAS POR UNA VIDA MÁS CÓMODA, TE GUSTA VIVIR CON HOLGURA.

SE TE DA BIEN LA TECNOLOGÍA Y TIENES BASTANTE IMAGINACIÓN, POR LO QUE TRABAJAR DESARROLLANDO PROGRAMAS O NUEVO SOFTWARE ES PERFECTO PARA TI.

TE MANEJAS BIEN CON LA ELECTRÓNICA, TE SUELE ATRAER MUCHO ESE MUNDO, ERES BASTANTE DETALLISTA Y MINUCIOSO POR LO QUE NO ES EXTRAÑO VER A MUCHOS ACUARIO SIENDO TÉCNICOS O ELECTRICISTAS.

TE GUSTA LA INVESTIGACIÓN Y APORTAR AL MUNDO NUEVAS TECNOLOGÍAS, POR LO QUE PUEDE SER UNA EXCELENTE OPCIÓN PARA TI UN TRABAJO EN LAS COMUNICACIONES, APLICACIONES, WEB O EL DISEÑO.

TIENES NECESIDAD DE MEJORAR LA CALIDAD DE VIDA DE TODOS Y QUE ESA RESPONSABILIDAD RECAIGA EN TUS HOMBROS ES UN PREMIO PARA TI.

PODRÍAS ENCAJAR TAMBIÉN PERFECTAMENTE TRABAJANDO DESDE CUALQUIER LABORATORIO.

EN EL ÁMBITO ARTÍSTICO, LA ACTUACIÓN, LA ESCRITURA, LA ENSEÑANZA O LA FOTOGRAFÍA SON IDEALES PARA TI.

EL MEJOR AMBIENTE PARA TI ES EL QUE TE DA LA LIBER-
TAD PARA HACER FRENTE A LA TAREA SIN UNA GRAN
CANTIDAD DE NORMAS ESTRICTAS. YA SABEMOS QUE ERES
POCO CONVENCIONAL, Y SI SE TE DA LA OPORTUNIDAD DE
DEMOSTRAR TU VERDADERO TALENTO, PUEDES REALIZAR
HAZAÑAS INCREÍBLES.

HUYE DE EMPLEOS RECOPILANDO DATOS O TRABAJANDO
EN TAREAS REPETITIVAS.

PROTEGE TU INDEPENDENCIA Y TU HUMANISMO. TU
TALENTO PARA INNOVAR E INVENTAR, TU CARÁCTER
MODERNO Y AUTÓNOMO TE ABRE MUCHAS PUERTAS
HACIA PROYECTOS PALPITANTES, LEJOS DE CUALQUIER
MONOTONÍA.

VIRTUDES.— VISIONARIO, HUMANITARIO, FRATERNAL,
GENEROSO.

DEFECTOS.— UTÓPICO, OPORTUNISTA, TRAMPOSO.

EL TRABAJO MÁS PRODUCTIVO ES EL QUE SALE DE LAS MANOS DE UNA PERSONA CONTENTA
SOY EL ASTEROIDE SABIO Y TENGO UN MENSAJE PARA TI

Acuario y la amistad

ERES INDEPENDIENTE Y NO TE GUSTA TENER QUE ESTAR TODO EL DÍA RODEADO DE GENTE. DISFRUTAS MUCHO ESTANDO CON AMIGOS PERO TAMBIÉN NECESITAS PASAR TIEMPO EN SOLEDAD

BUSCAS SINCERIDAD Y TE TOMAS BASTANTE MAL QUE LOS DEMÁS TE MIENTAN O QUE NO TE DIGAN LAS COSAS COMO LAS PIENSAN. DE HECHO, MENTIRTE ES CASI LO ÚNICO QUE PUEDE ACABAR CON UNA BUENA AMISTAD.

LA DIVERSIÓN TE GUSTA PERO ERES BASTANTE RESPONSABLE Y SABES DÓNDE ESTÁN TUS LÍMITES. POR MUCHO QUE TE INSISTAN, NO PASARÁS DE LOS LÍMITES DE LO QUE CREES CORRECTO.

NO TE GUSTA QUE TODOS SEPAN DE TU VIDA Y ERES RESERVADO SABES BIEN CUÁNDO ABRIR TUS PUERTAS:

CUANDO ESTÁS CON LA PERSONA INDICADA QUE TE DÉ CONFIANZA.

DICES LAS COSAS TAL Y COMO LAS PIENSAS Y SIEMPRE ESTÁS DISPUESTO A AYUDAR A LOS QUE TE NECESITEN.

HACES BUENAS MIGAS CON OTROS SIGNOS DE AIRE, LIBRA Y GÉMINIS, YA QUE OS ENTENDÉIS BASTANTE BIEN EN UN PUNTO MUY IMPORTANTE, LA REBELDÍA PARA MIRAR EL MUNDO.

EL RESPETO SERÁ SIEMPRE ALGO QUE ACUARIO TENDRÁ EN COMÚN CON CAPRICORNIO, AMBOS RESPETÁIS VUESTROS PUNTOS DE VISTA Y OS ENTREGÁIS MUTUAMENTE COSAS DE LA QUE EL OTRO CARECE, POR LO QUE PODRÍAIS LOGRAR GRANDES COSAS SI TRABAJÁIS EN COOPERACIÓN.

UN BUEN AMIGO PODRÍA SER TAMBIÉN SAGITARIO, CON QUIEN COMPARTES EL AMOR POR LA REBELDÍA Y POR LA CAPACIDAD DE CONTESTAR FUERTEMENTE FRENTE A LA OPRESIÓN Y LA INJUSTICIA.

VIRGO SERÍA EL SIGNO MENOS APROPIADO PARA UNA AMISTAD, NO COMPRENDÉIS LA MANERA DE SER DEL OTRO.

La página mágica

ESTE LIBRO ES MÁGICO, COMO TÚ, Y VIENE CON UN REGALO: LA PÁGINA MÁGICA.

AUSPICIADO POR TUS PROTECTORES, PODRÁS FORMULAR UN DESEO Y AL ESCRIBIRLO, EL DESEO SE CUMPLIRÁ EN EL MOMENTO PRECISO.

CONCÉNTRATE, RESPIRA HONDO E INVOCA A URANO Y A TU VASIJA DE LA SUERTE.

EL DESEO SE CUMPLIRÁ

MI DESEO ES:

Consejos de vida para Acuario

TIENDES A PREOCUPARTE EN EXCESO POR CONSEGUIR LOS LOGROS Y OBJETIVOS QUE TE MARCAS, A VECES LAS DUDAS TE ASALTAN SOBRE LO QUE REALMENTE QUIERES O NO. NO DUDES EN HACER UN POCO DE INTROSPECCIÓN SIEMPRE QUE SEA NECESARIO PARA PONER EN ORDEN TUS DESEOS Y TUS SENTIMIENTOS PORQUE A LO MEJOR CONVIENE CAMBIAR EL PLAN QUE TE HABÍAS MARCADO PARA TU VIDA: TIENES QUE PRIORIZAR QUÉ ES LO REAL-MENTE IMPORTANTE PARA TI, RECONECTAR CON TU YO INTERIOR, DESCUBRIR TUS LIMITACIONES Y TUS VIRTUDES, LO QUE ES REAL Y LO QUE NO, PARA APRENDER DE TÍ MISMO Y PODER ELEGIR SABIAMENTE EN LA VIDA.

NO DEBES TENER MIEDO DE ARRIESGAR, DE EXPERIMEN-TAR NUEVOS CAMINOS Y DE PONER A PRUEBA HASTA DÓNDE LLEGAN TUS CAPACIDADES. SI NO TE CORTAS TUS PROPIAS ALAS ¡PODRÍAS LLEGAR REALMENTE LEJOS!

CUIDADO CON DEJARTE LLEVAR POR REACCIONES IMPULSIVAS QUE MUCHAS VECES SÓLO TE TRAEN PROBLEMAS.

INTENTA ABRIRTE UN POCO MÁS A LOS OTROS, CONFÍA, ESPERA LO MEJOR DEL PRÓJIMO Y TENDRÁS MÁS POSIBILIDADES DE CRECER Y ESTRECHAR LAZOS. TU UNIÓN CON OTRAS PERSONAS TE AYUDA A LLEGAR AÚN MÁS ALTO, NO LOS VEAS COMO CARGAS QUE TE LASTRAN SI NO TODO LO CONTRARIO. DEFIENDE TU ESPACIO PERO ABRE TU CORAZÓN MÁS A MENUDO.
HAY COSAS QUE NO SE PUEDEN HACER EN SOLEDAD, MUCHAS VECES ES NECESARIO CONTAR CON LA PARTICIPACIÓN DE LOS DEMÁS PARA LOGRAR LOS OBJETIVOS O AVANZAR MÁS. TENLO MUY PRESENTE.

SI TIENES UN TALANTE POSITIVO Y ACTIVO, ATRAERÁS A TU VIDA SITUACIONES EXTRAORDINARIAS.

ERES IMPREVISIBLE, REBELDE, GENIAL... Y TODAS ESAS CUALIDADES TE PUEDEN LLEVAR AL TRIUNFO Y A CONQUISTAR COSAS QUE PARECEN IMPOSIBLES PARA OTROS PERO QUE NO LO SON PARA TI.

¡CÓMETE EL MUNDO!